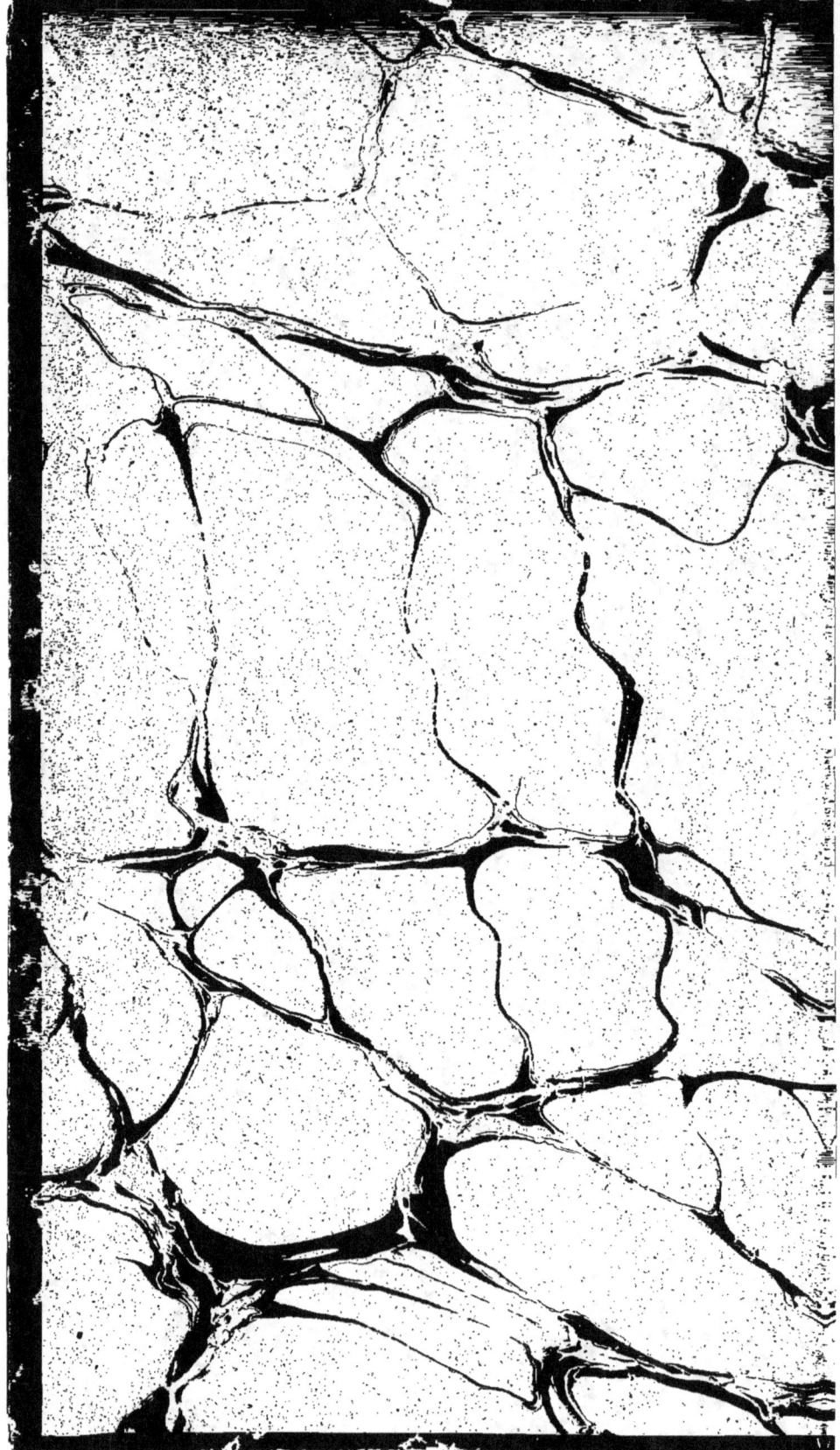

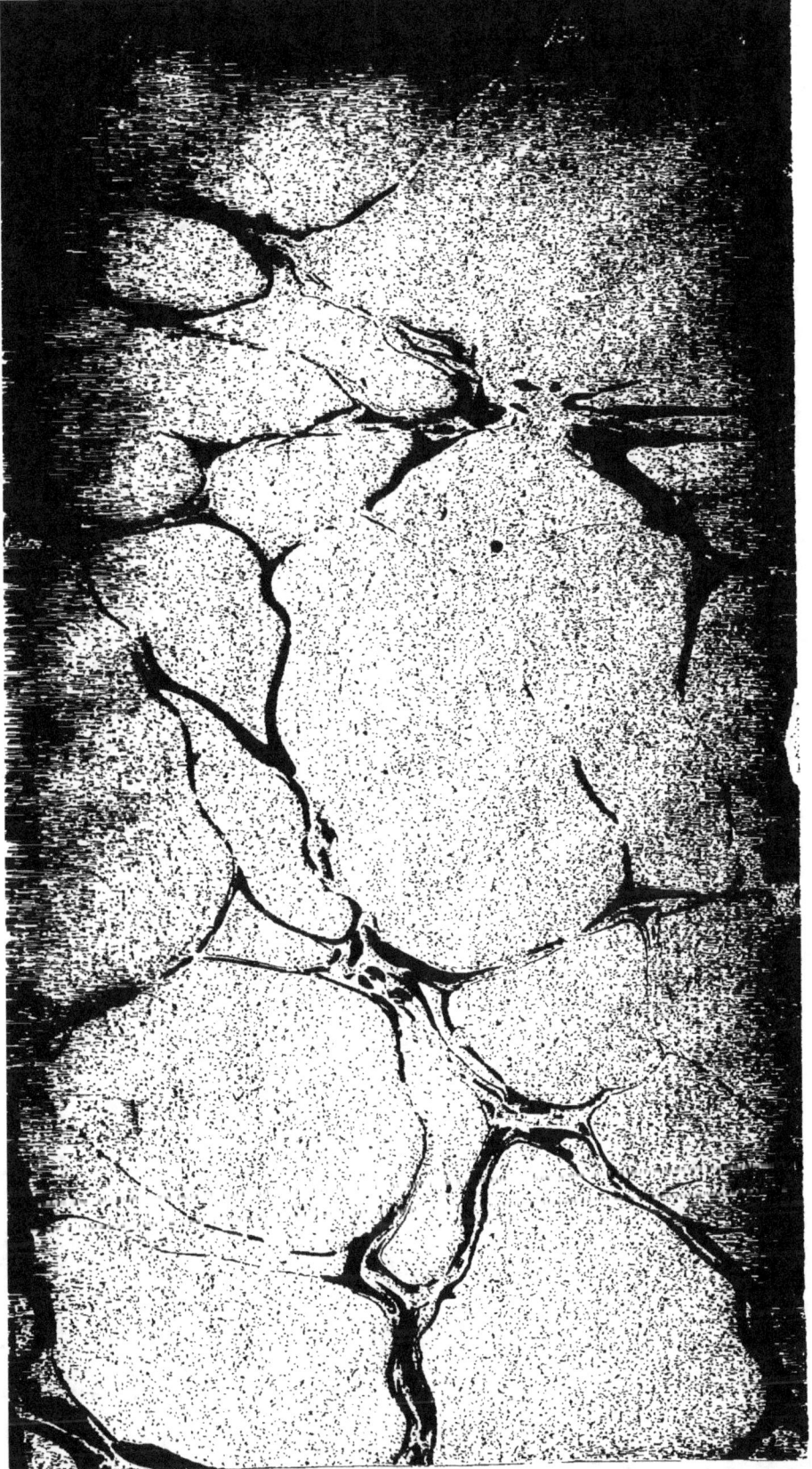

Conserver la Couverture

COLLECTION

DES

LIVRETS

DES

ANCIENNES EXPOSITIONS

DEPUIS 1673 JUSQU'EN 1800

SALON DE 1750
XV

PARIS

LIEPMANNSSOHN ET DUFOUR

ÉDITEURS

11, rue des Saints-Pères

—

SEPTEMBRE 1869

EXPOSITION

DE 1750

—

XV

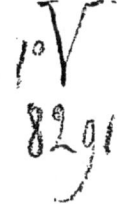

COLLECTION

DES

LIVRETS

DES

ANCIENNES EXPOSITIONS

DEPUIS 1673 JUSQU'EN 1800

EXPOSITION DE 1750

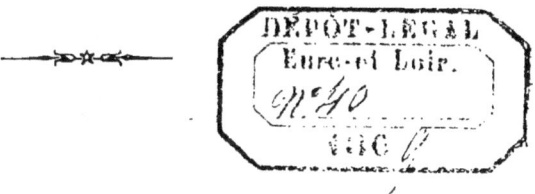

PARIS

LIEPMANNSSOHN ET DUFOUR

ÉDITEURS

11, rue des Saints-Pères

—

SEPTEMBRE 1869

NOMBRE DU TIRAGE

DU LIVRET DE 1750.

375 exemplaires sur papier vergé.
  25   —   sur papier de Hollande.
  10   —   sur chine.

N°

Ce livret est vendu seul 2 fr. 50.

NOTICE BIBLIOGRAPHIQUE.

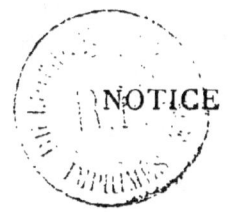

LIVRET :

Nous connaissons trois éditions; aucune ne renferme l'arrêt du Conseil. La première a 32 pages et 150 Nos. La dernière page ne compte que neuf lignes et la mention du rédacteur du livret. Sur la deuxième édition on a ajouté l'addition relative à Natoire et à Servandoni; elle n'a aussi que 150 Nos, les œuvres ajoutées n'ayant pas été numérotées, et 32 pages, l'addition ayant été imprimée en caractères très-fins ainsi que tous les articles qui la précèdent depuis Falconnet (N° 120), pour ne pas augmenter le nombre des feuillets. Sur cette édition le n° 142 du catalogue a été supprimé. Le n° 21 a été passé sur toutes les éditions.

Sur la troisième édition le tableau de *Natoire* porte le N° 151; mais ceux de Servandoni n'ont pas reçu de chiffre. On y ajouta un feuillet particulier, décoré en tête d'une bande ornée, et consacré exclusivement aux tableaux de M. *de Troy* arrivés de Rome la veille de la clôture (c'est le *Mercure de France* du mois de novembre qui nous l'apprend à la p. 155). On avait prorogé l'exposition, uniquement pour laisser au public le temps de venir voir ces tableaux, jusqu'au 8 octobre, ce qui explique ce troisième tirage.

CRITIQUES :

Mercure de France, numéro d'octobre, p. 132-8; numéro de novembre, p. 155 (sur les tableaux de De Troy nouvellement arrivés de Rome); numéro de décembre, p. 154-6 : Lettre sur les tableaux à Madame V*** (lettre satirique publiée aussi à part, 1750, in-8°, 3 p.).

BAILLET DE SAINT-JULIEN : Trois lettres sur la peinture à un amateur. A Genève, 1750, petit in-8° de 44 p.

La première parut d'abord seule, petit in-8° de 29 p. Elle provoqua la brochure suivante :

Réponse de l'amateur à la première lettre sur la peinture, datée du 26 septembre 1750. Signé F., in-8° de 16 p., sans titre.

A ces lettres, il faut joindre :

Remerciement à M. B***, auteur des lettres sur la peinture, vulgairement appelées la critique du Sallon, et imprimées à Genève en 1750, par M. Z*** peintre de l'Acad. de St-Luc. In-12 de 25 p. — 1751.

Il existe au Cabinet des Estampes à Paris un beau manuscrit in-4° des lettres de Baillet, provenant de la bibliothèque de Gougenot de Croissy (N° 155, Y a). Ce manuscrit contient aussi une description du Luxembourg et de la galerie de Rubens.

EXPLICATION

DES PEINTURES,

SCULPTURES,

ET AUTRES OUVRAGES

DE MESSIEURS

DE L'ACADÉMIE ROYALE;

Dont l'Expofition a été ordonnée, fuivant l'intention de SA MAJESTÉ, par M. Le Normand de TOURNEHEM, Directeur & Ordonnateur General des Bâtimens, Jardins, Arts & Manufactures de S. M. dans le grand Salon du Louvre, dont l'arrangement a été conduit par les foins du Sieur Portail, de l'Académie Royale de Peinture & de Sculpture, Garde des Plans & Tableaux du Roy. A commencer le jour de S. Loüis 25. d'Aouft 1750. pour durer un mois.

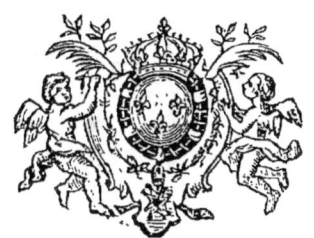

A PARIS, RUE S. JACQUES
De l'Imprimerie de JACQUES-FRANÇOIS COLLOMBAT,
I. Imprimeur du Roy, des Cabinet & Maifon de SA
MAJESTÉ, & de l'Académie Royale de Peinture
& de Sculpture.

M. DCC. L.
AVEC PRIVILÉGE DU ROY.

AVERTISSEMENT.

Comme l'Expofition fe fait dans un grand Salon quarré, & que l'on a été obligé, pour garder quelque ordre & fymétrie, de placer de côté & d'autre les Ouvrages d'un même Auteur, l'on a eu attention dans cette Defcription, de défigner la hauteur & largeur de tous les Tableaux de grandeur extraordinaire; & à l'égard des autres dont les formes font moyennes & petites, on ne pourra manquer de les recon-

noître, ayant le Livre à la main, & de les trouver
par le rapport des Numeros qui ſe trouvent ſur
chaque ſujet de Peinture & de Sculpture.

Et comme l'impreſſion de ce petit Ouvrage ne ſe don-
noit les années précedentes, qu'après tout l'arrangement des Tableaux, dont les Places étoient indiquées,
l'on s'eſt apperçû que le Public s'impatientoit extré-
mement les premiers jours qu'il attendoit cette Expli-
cation. C'eſt pourquoy on a jugé à propos, pour ſa
ſatisfaction, d'y énoncer des Numeros qui ſe rappor-
tent exactement à chaque ſujet, leſquels, ſans être de
ſuite, ſe pourront trouver aiſément. Par ce moyen on
joüira de cette Deſcription preſqu'à l'ouverture du
Salon.

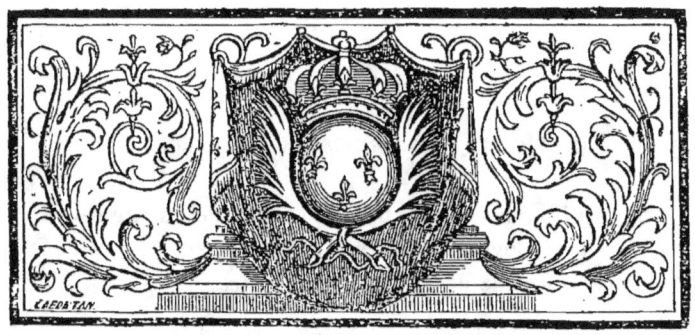

EXPLICATION

Des Peintures, Sculptures, & autres Ouvrages de Messieurs de l'Académie Royale.

LE Roy ayant ordonné qu'il y eût, cette année, une Exposition publique des Ouvrages différents de son Académie Royale de Peinture & de Sculpture, les Artistes, qui composent cette Académie, ont fait leurs efforts pour qu'elle parût mériter, au moins par son zèle, la protection dont l'honore SA MAJESTÉ.

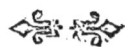

OUVRAGES

de Messieurs les Officiers de l'Académie.

Par M. *De Silvestre*, Ecuyer, Premier Peintre du Roy
de Pologne, Directeur de son Académie
Royale de Dresde, Ancien Recteur.

N° 1. Un Tableau de 2 pieds & demi de haut, sur 2
de large, représentant S. Joseph qui tient sur ses genoüils l'Enfant Jésus ; à sa gauche la Vierge en
prieres s'incline du côté du Sauveur ; au-dessus, une
Gloire, avec quelques têtes de Cherubins.

2. Autre, faisant Pendant. Agar dans le désert
éloignée de son fils Ismaël, qu'elle ne veut point voir
expirer de soif ; un Ange paroît lui indiquer une
Fontaine.

3. Autre, plus petit, représentant la Visitation de la
Vierge.

4. Son Pendant. Une Fuite en Egypte.

Ces quatre Tableaux appartenans à Monsieur le
Dauphin & Madame la Dauphine.

Par M. *Galloche,* Recteur.

5. Un Tableau, hauteur de 4 pieds sur 3 de large,
représentant Ezechias qui détruit les hauts Lieux, brise
les Idoles, & fait mettre en pieces le Serpent d'airain
que Moyse avoit fait élever. Livre 4. des Rois, ch. 18,
v. 4.

Par M. *De Favanne*, Recteur.

6. Un Tableau en largeur de 4 pieds fur 3 de hauteur, dont voicy le fujet. Junon vient trouver l'Ocean pour lui demander que la Grande Ourfe ne vienne jamais fe plonger dans fes Eaux.

7. Autre, de même grandeur, repréfentant la chafte Suzanne entre les deux Vieillards.

8. Deux Tableaux de 3 pieds & demi, faifant Pendant, l'un repréfentant Mercure, qui après avoir endormi Argus, fe difpofe à lui trancher la tête pour délivrer Yo; changée en Vache. L'autre, Mars qui fe bleffe en prenant une Fleche de l'Amour; fous le même N°.

9. Deux Payfages d'après nature, l'un repréfente un Rocher, & l'autre une Plaine; auffi fous le même N°.

Par M. *Reftout*, Adjoint à Recteur.

10. Un Tableau en hauteur de 6 pieds fur 4 & demi de largeur, repréfentant l'Invention & Tranflation des Corps de Saint Gervais & S. Protais.

11. Autre de 6 pieds de largeur, fur 4 de haut, repréfentant la continence de Scipion.

12. Le Portrait de Monfeigneur l'Archevêque de Bordeaux.

Par M. *Dumont le Romain*, Adjoint à Recteur.

13. Un Tableau de 4 pieds de haut fur 5 de large, repréfentant S. Sébaftien.

14. Autre de 4 pieds de large fur 3 de haut, repréfentant la Santé tenant un Coq de la main droite, &

xv.   2

de la gauche un bâton où s'entortille un Serpent. Ico-
nologie de M. Ripa, 1. Partie.

Par M. *Carlo Van-Loo*, Écuyer, Profeſſeur; Gouverneur des Eléves protégez.

15. Un grand Tableau en largeur de 16 pieds ſur 12
de haut, repréſentant le ſacre de S. Auguſtin. Valere,
Evêque d'Hyppone, ayant réſolu de faire S. Auguſtin
ſon Collegue ou Coadjuteur dans l'Egliſe d'Hyppone,
le fit ordonner par Megalius, Evêque de Calame, l'an
395. Ce Tableau eſt deſtiné pour l'Egliſe des Auguſtins
de la Place des Victoires.

16. Autre de 5 pieds de haut ſur 3 de large; il repréſente l'Amour debout qui tient négligemment ſon
Arc & paroît méditer ſur l'uſage qu'il va faire de ſes
traits. Ce Tableau appartient à M. le Noir.

17. Un Tableau de Payſage orné de Figures &
d'Animaux; il a 8 pieds de large ſur 3 & demi de
haut.

18. Autre plus petit, repréſentant une Veſtale.

19. Une Vierge & l'Enfant JESUS tenant ſa Croix.

20. Autre, repréſentant Venus dans le Bain.

22. Une Tête de Vieillard, peinte d'après nature.

Par M. *Boucher,* Profeſſeur.

23. Un Tableau en hauteur de 5 pieds & demi ſur
environ 4 de large, repréſentant une Nativité ou Adoration des Bergers, pour la Chapelle du Château de
Belle-Vûë.

24. Quatre Paſtorales de forme ovale; la premiere repréſente deux Amans ſurpris dans les Bleds; la ſeconde, un Berger accordant ſa Muſette près de ſa Bergere; la troiſiéme, le Sommeil d'une Bergere, à laquelle un Ruſtaud apporte des Fleurs de la part de ſon Berger; & la quatriéme, un Berger qui montre à joüer de la Flûte à ſa Bergère; ſous le même N°.

25. Deux Payſages d'environ 2 pieds & demi, ornés de Figures ſur le devant, appartenans à M. Langlois; auſſi ſous le même Numero.

Par M. *Natoire*, Profeſſeur.

26. Un Tableau en largeur de 6 pieds ſur 5 de hauteur, repréſentant le Triomphe de Bacchus.

27. Autre plus petit, repréſentant un Amour qui aiguiſe des Fléches.

28. Un Christ d'environ 2 pieds & demi de haut.

Par M. *Collin de Vermont*, Profeſſeur.

29. Un Tableau repréſentant Jupiter & Mercure chez Philemon & Baucis.

30. Autre, repréſentant Hebé, Déeſſe de la Jeuneſſe, & Femme d'Hercule, qui rajeunit à ſa priere Yolas, Neveu de ſon Mary.

31. La Viſitation de la Vierge; la tête de ſainte Elizabeth eſt un Portrait.

32. Autre, dont voici le ſujet : Anacréon, fameux Poëte Grec, reçoit de nuit l'Amour chez lui; le ca-

reſſe, le fait ſécher, le réchauffe; mais ce petit Dieu le paye d'ingratitude, & feignant d'effayer ſon Arc, le perce d'un trait.

Par M. *Oudry*, Profeſſeur.

33. Un grand Tableau en largeur de 12 pieds ſur 8 de haut, appartenant au Roy, fait en 1729 & 1730, qui n'a pas été expoſé dans les Sallons du Louvre. Il repréſente une fin de Chaffe du Cerf dans l'eau. Le Roy à cheval ſur le bord d'un Étang, accompagné de M. le Comte de Touloufe, M. le Prince Charles, M. le Premier, M. Neſtié. M. Defourcy, M. Delafmatte, M. Dampierre, &c. L'Auteur, deſſinant la Chaffe, a eu l'honneur d'y peindre le Roy d'après nature, ainſi que tous les Seigneurs qui y ſont repréſentez; tous les Chevaux & les Chiens exactement Portraits. Le Payſage eſt la vûë de S. Germain-en-Laye, du petit Château.

34. Quatre Tableaux, deffus de Porte, faits pour le Roy, & placez dans la Salle à manger de Sa Majeſté, au Château de la Muette (1). Le premier, deux Coqs qui ſe battent; le ſecond, un Chien qui ſe jette ſur des Canards dans des Rozeaux; le troiſiéme, une Bufe qui culbute un Liévre; & le quatriéme, un Renard ſur un Faiſan; ſous le même Nº.

35. Autre, repréſentant une Perdrix que le Roy a tiré & envoyé à l'Auteur pour la peindre pour ſon Etude, attendu la ſingularité de ſon plumage. Ce Tableau eſt à l'Auteur.

(1) Il y a la Meutte ſur le texte, mais c'eſt par erreur.

36. Quatre Tableaux faits pour Madame la Marquife de Pompadour, deftinez pour la Salle à manger du Château de Belle-Vûë. Le premier, deux Chiens, un Brac & un Epagneul, un panier à Gibier, contre lequel il y a un Faifan & des Lapreaux deffus; le fecond, un Chien Epagneul en arrêt fur deux Perdrix dans des Bleds; le troifiéme, un Barbet qui fe jette fur des Canards & Canichons; & le quatriéme, deux Lévriers, l'un flairant un Lievre. On y voit le Château de Belle-Vûë dans le lointain. Sous le même N°.

37. Autre petit, peint fur Cuivre, pour le Cabinet de Madame la Marquife, repréfentant fes Oifeaux perchez fur un Cerifier; ils font tous Portraits.

38. Le Rhinoceros, grand comme nature, fur une toile de 15 pieds de large fur 10 de hauteur. Cet Animal a été peint dans fa Loge à la Foire S. Germain; il appartient à l'Auteur.

39. Un petit Tableau d'environ 3 pieds fur deux, repréfentant un Lievre, une Perdrix rouge & deux Beccaffines; à l'Auteur.

40. Son Pendant, des Mauves, Oifeaux de Mer blancs, peints fur un fond blanc; à l'Auteur.

41. Deux Tableaux de 3 pieds fur 2 & demi, l'un repréfente deux Dogues de forte race qui fe battent pour un quartier de Mouton.

42. Son Pendant, deux Chiens couchans, un Brac & un Epagneul, qui regardent un Lievre & un Courly; tous deux à l'Auteur.

43. Un Payfage orné de Vaches & de Moutons, d'environ 5 pieds fur 4, peint dans la Forêt de S. Germain; à l'Auteur.

44. Autre, repréfentant des Légumes, & un Jardinier

qui tire de l'eau à une Pompe, peint à Beauvais; à l'Auteur.

45. Autre petit, peint fur Cuivre, repréfentant un Vaneau.

46. Son Pendant, un Pluvier doré; tous deux à l'Auteur.

47. Autre petit, auffi peint fur Cuivre, repréfentant un Chien en arrêt fur des Faifans, dans des Bleds.

48. Son Pendant, deux Chiens, l'un endormi, l'autre qui veille; un Lievre & une Perdrix attachez à un Arbre; tous deux à l'Auteur.

Par M. *Adam l'aîné*, Profeffeur.

Esquiffe Allégorique, en Terre cuite.

49. La France, affife & appuyée fur le Globe de la Terre, voit avec raviffement le Roy en Cafque & en Cuiraffe, monté fur un Courfier, tenant d'une main fon Sceptre orné d'une branche de Laurier, & de l'autre la Leffe de deux Lions animez qui foulent l'Envie à leurs pieds.

Ce Groupe eft pofé fur un Rocher en arc & à jour, fur l'un des côtez duquel on voit l'Ocean, & de l'autre la Méditerrannée qui contemplent & admirent le Roy. Allufion qui défigne la jonction des deux Mers en France, par le Canal de Languedoc.

Du centre de l'Arcade, & des côtez du Rocher, il fort des eaux en abondance, qui après avoir formé des Nappes, viennent fe brifer fur le bas du Rocher.

A l'un des bouts du Pied-d'Eftal & au-deffus d'un Antre, eft la Victoire tenant une Palme & un Faiffeau d'armes; cette Déeffe eft debout, prête à fuivre le

Monarque; elle tient un Cafque fous l'un de fes pieds.

A l'autre bout la Paix eft affife tenant d'une main un rameau d'Olivier, & de l'autre la corne d'Abondance; elle foule au pied un Bouclier & des Armes.

Du fond des Antres du Rocher, il fort des Monftres marins & des Poiffons. Ce Morceau peut être placé au milieu d'un des Baffins des Jardins du Roy.

L'auteur a fouhaité que cette Defcription fût ainfi énoncée.

5o. Un Enfant, en Marbre, affis fur une Coquille, fe joüant avec un Homart, duquel il eft pincé. Ce Morceau eft pour M. le Comte d'Argenfon.

5i. Un Modéle en Plâtre, repréfentant la Poëfie, que l'on exécute en Marbre pour être placé dans une des Niches du Veftibule du Château de Belle-Vûë.

Par M. *Le Moyne fils*, Profeffeur.

52. Le Bufte, en Terre cuite, de M. le Maréchal de Lowendal.

53. Deux Etudes de Tête, fous le même Numero.

Par M. *Couftou*, Profeffeur.

54. Un Bas-relief en fronton, repréfentant Galathée fur les Eaux.

55. Deux Têtes, d'après nature, fous le même Numero.

Par M. *Pierre*, Ecuyer, Profeffeur.

56. L'Enlevement d'Europe, Tableau de 8 pieds de large fur 7 de haut.

57. Une Leda, Tableau de 4 pieds de large fur 3 de haut.

58. Une Préfentation au Temple, de 10 pieds de haut fur 6 de large.

59. Une Paftorale, tirée de l'Aftrée, pour le Roy. Tableau de 5 pieds de large fur 4 de haut.

60. Pfyché, retirée du Fleuve par les Nymphes, de 3 pieds de large fur 2 & demi de haut. Tableau deftiné pour le Château de Belle-Vûë.

61. Une Roche avec des Hermites, de même grandeur.

Par M. *Pigalle*, Adjoint à Profeffeur.

62. Un Enfant tenant une Cage.

63. Le Portrait de M. Difle.

64. Autre Portrait en Plâtre.

Par M. *Nattier*, Adjoint à Profeffeur.

65. Le Portrait de M. le Comte d'Argenfon, Miniftre de la Guerre, tenant le Plan de Fontenoy.

66. Madame la Comteffe d'Argenfon, tenant une petite Caniche.

67. Madame Marfolier à fa Toilette, avec Mademoifelle fa Fille.

Par M. *Hallé*, Adjoint à Profeffeur.

68. Une Affomption, Tableau de 12 pieds de haut fur 8 de large.

69. Autre, de forme chantournée, repréfentant l'Education de l'Amour.

70. Son Pendant, Athalante & Meleagre.

71. Autre, repréſentant la Mort de Seneque.

Par M. *Tocqué*, Conſeiller de l'Académie.

72. Le Portrait juſqu'aux genoüils, de M. de Tournehem, Directeur & Ordonnateur General des Bâtimens, Jardins, Arts, Académies & Manufactures Royales.

73. Le Portrait de M. le Maréchal de Lowendal, de même grandeur.

74. Le Portrait de M. le Marquis de Villeroy, en Cuiraſſe, la main appuyée ſur un Caſque.

75. Le Portrait de M. le Comte de Saint Florentin, aſſis, tenant une Lettre.

76. Portrait en Buſte de M. de Livry, Premier Commis des Bureaux de M. le Comte de Saint Florentin.

77. Celui de Madame ſon Epouſe, en Mantelet bleu.

Par M. *Aved*, Conſeiller de l'Académie.

78. Le Portrait en pied de M. le Marquis de Cambyſe, Chevalier des Ordres du Roy, mort à Londres, dans le temps de ſon Ambaſſade. La Tête n'eſt point de l'Auteur.

79. Le Portrait de Madame Brion, aſſiſe, prenant du Thé.

80. Le Portrait du R. Pere Linieres, Conſeſſeur du Roy, devant un Prie-Dieu.

Par M. *Chaufourrier*, Adjoint à Profeſſeur
pour la Perſpective.

81. Une Vüe Perſpective de la Caſcade de S. Cloud,

faite pour feuë S. A. R. Madame la Ducheffe d'Orleans.

82. Une Mer calme, éclairée de la Lune, avec un Fanal fur le devant.

83. Un Coup-de-Vent qui furprend une Barque de Pêcheurs.

84. Le Portrait de F. François-Jofeph de Malkeneck, Récollet, Directeur des Urfulines de S. Germain-en-Laye.

OUVRAGES

de Meffieurs les Académiciens.

Par M. *Courtin.*

85. Un petit Tableau, repréfentant l'Evocation de l'Ombre de Samuël.

Par M. *La Joue.*

86. Un Tableau repréfentant une Façade d'Architecture d'Ordre Corinthien; fur le devant une Fontaine de Neptune, Payfage & Figures.

Par M. *De Laiftre.*

87. Un petit Tableau, repréfentant un CHRIST mort.

Par M. *Huilliot.*

88. Un Tableau, repréfentant un Vafe d'or orné

d'une Guirlande de fleurs; fur le devant du Tableau eft une Guenon qui renverfe une Corbeille de fruits.

89. Son Pendant, repréfente auffi un Vafe d'or.

90. Autre petit, repréfentant un Bas-Relief d'Agathe, environné d'une Guirlande de Fleurs; au bas font des Livres & Plans.

91. Autre, de même grandeur, un Vafe de Lapis rempli de fleurs, au-deffus un gros Papillon.

Par M. *Francifque.*

92. Un Payfage d'environ 4 pieds fur 3, orné de Figures fur le devant.

93. Deux petits Payfages, fous le même Numero.

Par M. *De Lobel.*

94. Un grand Tableau, en largeur de 10 pieds fur 7 de haut, repréfentant Neptune & Amphitrite; ces Divinitez font accompagnées de Tritons, de Nayädes & de plufieurs Amours, dont l'un fur un Dauphin tient une Ecreviffe, Attribut d'Amphitrite.

95. Une petite Efquiffe Allégorique, en forme de Frife, à la gloire du Roy, fur la Paix générale concluë & fignée à Aix-la-Chapelle, le 13 Octobre 1748. & publiée en Février 1749.

96. Autre Efquiffe, de même forme Allégorique & Hiftorique, de la maifon de Boüillon de la Tour d'Auvergne.

Par M. *Boizot.*

97. Des Bergers, en Adoration devant JESUS-CHRIST

naiffant, Tableau de 6 pieds & demi de haut fur 4 &
demi de large; appartenant à l'Auteur.

Par M. *Poitreau.*

98. Un Tableau, repréfentant une des Portes de la
Ville d'Autun, fur le devant des Scieurs de long.

99. Autre, un Clair de Lune, où l'on voit des
Payfannes qui danfent.

100. Autre, un Soleil couchant, & des Animaux qui
paiffent.

101. Autre, repréfentant des Laveufes, un Voyageur
& un Chaffeur.

Par M. *Chaftelain.*

102. Trois petits Payfages; fous le même Numero.

Par M. *Autreau.*

103. Le Portrait de Mlle Desjardins, tenant un deffus
de Viole.

104. Un petit Portrait de l'Auteur, tenant fa Palette.

Par M. *Frontier.*

105. Un Tableau en hauteur de 5 pieds fur 3 de
largeur, la Prédication de S. Jean, au Défert.

Par M. *Antoine le Bel.*

106. Une Mer, repréfentée dans fon calme, & des
Marchands fur le Rivage; Tableau de 5 pieds fur 4.

107. Un Payfage, même grandeur, repréfentant le
Matin, avec des Figures fur le devant.

108. Autre plus petit, une Montagne, & fur le devant, une Laveufe & autres Figures.

Par M. *De La Tour*.

109. Plufieurs Têtes au Paftel, fous le même Numero.

Par M. *Portail*, Académicien, Garde des Plans & Tableaux du Roy.

110. Un Tableau fous glace, repréfentant des Fleurs, des Fruits & du Gibier, avec un fond de Payfage.

111. Autre plus petit, repréfentant des Fleurs dans un Vafe de verre, avec des Fruits fur une Table de Marbre.

Par M. *Le Sueur*.

112. Le Portrait de Madame***, en Mantelet gris, tenant une Brochure.

113. Autre de Mademoifelle ***, en Mantelet bleu, paremens blancs.

114. Autre, de Madame ***, tenant le Portrait de fon Fils.

115. Autre, de M.***, tenant une Tabatiere.

116. Le Portrait du Recteur de l'Univerfité de Reims.

Par M. *Guay*.

117. Quelques Empreintes, renfermées dans une Bordure, l'une defquelles repréfente la Victoire de Lawfeld, les Préliminaires de la Paix, des petits Enfans & autres, fous le même N.

Par M. *Lundberg*.

118. Un Portrait au Paftel de M. De la Traverfe, ancien Capitaine de Dragons au fervice du Roy de Suede, repréfenté en Cuiraffe.

Par M. *Oudry fils*.

119. Un Tableau de quatre pieds & demi fur trois & demi de haut, repréfentant un Liévre & un Faifan, attachez à un Arbre, & un Chien Epagneul qui les garde.

OUVRAGES

de Meffieurs les Graveurs Académiciens.

Par M. *Du Vivier*.

Médailles.

La Tête du Roy, couronnée de Lauriers, nouvellement gravée d'après S. M. pour fervir à l'Hiftoire métallique.

Médailles des Villes d'Artois, repréfentées par un trophée d'Armures modernes, du milieu duquel s'éleve un Olivier, avec ces mots pour légende :

DULCE TROPHÆORUM CULMEN.

A l'exergue :

PACATORI ORBIS URBES ARTESIANÆ.

M. DCCXLIX.

Jettons.

La Tête de l'Impératrice Reine d'Hongrie, gravée pour les Etats de Tournay.

Jetton de l'Académie Litteraire de Lyon; l'un des côtez repréfente un Monument antique, avec ces mots autour : ATHENÆUM LUGDUNENSE RESTITUTUM.

A l'exergue :

ACADEM. LITTER. LUGDUN.

L'autre côté repréfente les Armes de la Ville de Lyon, accompagnées de deux Figures pour Supports, le Rhône & la Saône.

La Tête de M. Martinenq, Doyen de la Faculté de Médecine.

Par M. *Cochin le pere.*

Les quatre Fêtes gravées du premier Mariage de M. le Dauphin, deffinées par Cochin fils.

Le Bal paré.

Le Bal mafqué dans la grande Gallerie de Verfailles.

Pompes Funebres.

Celle de Madame, Premiere Dauphine, à Notre-Dame.

Celle de ladite Princeffe, à S. Denis.

Celle du Roy d'Efpagne, à Notre-Dame.

Par M. *Surugue, le pere.*

La Fileufe Flamande, d'après D. Teniers.

Divertiffemens de Payfans Hollandois, d'après le même.

Délaffement de Payfans, idem.

Petit Lendemain de Noce Flamande, id.

La Folie pare la décrépitude des Ajuftemens de la Jeuneffe, gravée d'après le Tableau au Paftel de M. Coypel, Ecuyer, Premier Peintre du Roy, Directeur de l'Académie.

Les Amufemens de la Vie privée, d'après M. Chardin.

Par M. *Moyreau.*

D'après Wouvermens.

La Barque du Pêcheur.

L'Abreuvoir Hollandois.

La Buvette des Dames.

La Fontaine des Tritons.

La Fontaine de Venus.

Par M. *Daullé.*

La Naiffance et le Triomphe de Venus, d'après l'Efquiffe de M. Boucher.

Les Amours en gayeté, d'après le même.

L'Enfant qui jouë avec l'Amour, d'après Wandik.

L'Effayeufe de Fleches, d'après M. Nonnotte.

Le Portrait du Pere Chambroy, Abbé General de Sainte Geneviéve de Paris, d'après M. Peronneau.

Par M. *Le Bas*, Graveur du Cabinet du Roy.

Les Philofophes Bachiques, de David Teniers. Tiré du Cabinet de M. le Comte de Vence.

Les miferes de la Guerre, d'après le même. Du Cabinet de M. le Marquis de Calviere.

Les Pêcheurs Flamands, d'après le même. Tiré du Cabinet de M. le Comte de Vence.

Vûe de Flandre, d'après le même. Dédiée à M. Slodtz l'aîné.

Autre Vûe de Flandre. Dédiée à M. Slodtz de S. Paul.

Autre Vûe de Flandre. Dédiée à Mylord, Comte de Caftlemain.

Fête Flamande, d'après le même. Tirée du Cabinet de M. le Comte de Choifeuil. Dédiée à Madame la Marquife de Pompadour.

Par M. *Surugue fils.*

La Bohémienne en couche, d'après le Tableau de Teniers.

L'Entretien, d'après le même.

La Chiquenaude ou le Dépit amoureux. Gravé d'après le Tableau de M. Coypel, Directeur de l'Académie.

Par M. *Tardieu.*

Le Portrait de feu M. de Boullongne. D'après M. Allou.

Celui de M. Le Lorrain, d'après M. Nonnotte.

Deux Sujets tirés de l'Illiade d'Homere. L'un la Colere d'Achille; l'autre l'Adieu d'Hector et d'Andromaque. L'un et l'autre d'après les Tableaux de feu M. Coypel, premier Peintre du Roy.

Deux Morceaux gravez, d'après David Teniers. Sçavoir, les Miferes de la Guerre, le Déjeûner Flamand, dont le Tableau eſt connu en Flandre ſous le nom de la Dévote de Teniers.

Le Portrait de M. le Comte de Souvigny.

Par M. *Cochin, fils.*

Le Mariage dans la Chapelle de Verſailles, deſſiné & gravé par le même.

La Comédie, *idem.*

Un Deſſein repréſentant le Roy, tenant grand appartement dans la grande Gallerie de Verſailles : la Table de jeu du Roy, celle de la Reine et d'autres Tables diſtribuées dans ladite Gallerie pour différens jeux.

Autre Deſſein repréſentant les Illuminations des deux grandes Ecuries de Verſailles jointes ensemble par des arcades de lumiere : les deux Deſſeins ſe gravent actuellement.

Les vingt-neuf Eſtampes de l'Hiſtoire de France de M. le Préſident Haynaut, in-4°, en vingt-neuf Parties, ſous verres & bordures, deſſinées & gravées par le même.

Le Portrait de M. Bailleul & de ſon Epouſe, deſſiné par le même.

OUVRAGES

De Meſſieurs les Agréez de l'Académie.

Par M. *Falconnet.*

120. Un Modéle d'environ deux pieds & demi, repréſentant Flore.

121. Autre de même grandeur, la Science.

Par M. *Vernet*, de Rome.

Quatre Tableaux d'environ cinq pieds, fur
quatre de haut.

122. Le premier eft un Départ du Port à la fraî-
cheur du matin. La gayeté des inftrumens & de la
danfe y annoncent un voyage de plaifir.

123. Le fecond repréfente l'Arrivée au Port, à la fin
du jour. La fête & le repas fe donnent fur le rivage.

124. Le troifiéme, une Joûte sur le Tibre, à la vûë
du Château & du Pont S. Ange.

125. Le quatriéme, un Naufrage.

Par M. *Perronneau.*

126. Le Portrait de M. De ***. vû de côté, ayant un
habit de velours noir.

127. M. C***, tenant son chapeau.

128. M. de la Tour, Peintre du Roy, en Surtout noir.

129. M. ***, en Robe de chambre.

130. M. l'Abbé de ***.

131. M. Thibouft, Imprimeur du Roy, peint à
l'huile.

132. Madame fon Epoufe, au Paftel.

133. Madame ***, ayant un bouquet de giroflée.

134. Madame ***, ayant un bouquet de barbeau.

135. Madame Du ***, badinant avec un éventail.

136. M. Kam, en habit de velours noir.

137. Mlle ***, en robe bleue.

138. Mlle ***, tenant un petit chat.

139. Mad. ***, en robe verte.

140. Le Portrait de M. Beaumont, Graveur de
l'Hôtel de Ville, peint à l'huile.

Par M. *Vaſſé*.

141. Le Buſte du Pape régnant, Benoît XIV.

[1ʳᵉ *Ed.* : 142. Un Modéle de la Sainte Vierge, en pleurs.]

143. Eſquiſſe, en Terre cuite, de Dédale, qui attache des Aîles à ſon Fils Icare.

144. Autre, repréſentant le Centaure Neſſus, qui enleve Déjanire.

145. Eſquiſſe pour une Place publique, repréſentant Loüis XV, à Cheval, sur un Champ de Bataille, après la Victoire remportée. Le Héros, ſoutenu par Minerve qui lui montre le chemin du Temple de la Gloire, où la Déeſſe le conduit. Sur le devant, & au bas du Pied-d'Eſtal, eſt un Groupe de quatre Figures, repréſentant la France, tenant ſous ſa Domination et aſſurant de ſa Protection les principales Villes priſes dans les Pays conquis. Sur le derriere eſt une grande Coquille ſoutenuë par des Rochers, qui font la baſe du Pied-d'Eſtal, ſur laquelle eſt un grand Poiſſon qui jette de l'eau & ſert de Fontaine publique. Un Triton & une Néréïde jouënt ſur le dos du Poiſſon. Aux deux côtez du Pied-d'Eſtal ſont deux Bas-Reliefs; l'un repréſente une Bataille, l'autre le retour du Roy dans la Ville de Paris. Le Monarque, dans un Char pouſſé par l'amour de la Vertu héroïque; le Peuple courant au-devant, manifeſte à ſon Bienfaiteur ſa joie par ſes acclamations.

Par M. *Saly*.

146. Un Modéle en Plâtre, repréſentant un jeune Faune qui tient un Chevreau.

147. Le Bufte d'une petite Fille, en Marbre.

148. Le Portrait, en Plâtre, de M. ***.

149. Trois Efquiffes, de Terre cuite, repréfentans des Tombeaux; fous le même Numero.

150. Deux autres Efquiffes, dont l'une, deux Caria-tides, et l'autre, un Diogene; auffi fous le même Numero.

ADDITION.

Par M. *Natoire*, profeffeur.

NAISSANCE DE LA PRINCESSE
Que Mad. La DAUPHINE vient de mettre au monde.
Sujet Allégorique.

Ce Tableau a 6 pieds de hauteur sur 4 pieds 8 pouces de large.

151. La Déefte Junon (1), accompagnée d'Iris fa Meffa-gére & du Paon qui lui eft confacré, vient de remettre la Princeffe naiffante entre les bras de l'Hymenée qui, comme un gage de fa fécondité, la préfente à la France. Elle eft affife fous un Arc de Triomphe, aïant à fes côtez un Guerrier pour marquer le Génie belliqueux inféparable de la Nation. L'Attitude de la France exprime la Joie et l'Empreffement qu'elle a de recevoir ce précieux Dépôt. La Renommée, qui eft au-deffus

(1). On fçait que Junon, fous le nom de Lucine, prefidoit aux Accouchemene.

d'elle, part pour annoncer cette Nouvelle. Sur le devant
du Tableau, on voit la Marne unie à la Seine, qui,
par les fruits qu'elle préfente fait fentir la part qu'elle
prend à cette heureufe Naiffance. A côté d'elle eft un
jeune Enfant tenant une branche d'Olivier, Symbole
de la Paix. Parmi fes Armes qui repofent, un Génie
fait voir une couronne de Laurier, en figne des fuccès
qui les ont accompagnez. Deux autres Génies exa-
minent avec plaifir un Bouclier fur lequel ils font
remarquer l'Auguste Alliance de la France avec la
Pologne.

Dans le fond du Tableau, on apperçoit le Château
des Tuilleries qui caractérife la Ville Capitale du
Royaume où la Scéne fe paffe; une foule de Peuple,
répandu aux environs, femble faire retentir les lieux
de Fanfares & de cris d'Allégreffes.

Par M. le chevalier *Servandoni*, Académicien.

Deux Tableaux d'Architecture, chantournez; ils
repréfentent de belles Ruines. Ils appartiennent à
M. le Comte de Choifeüil.

Le tout rédigé & mis en ordre par les foins de
J. B. REYDELLET, Receveur & Concierge
de l'Académie.

Par M. *de Troy*,

Ecuyer, Chevalier de l'Ordre de S. Michel, ancien
Recteur de l'Académie Royale de Peinture
& de Sculpture, & Directeur
de celle de France à Rome.

Quatre Tableaux, dont les Sujets font tirés de
l'Ancien Teftament.

N° 1. Loth dans l'yvresse, avec fes Filles.
2. Abigaïl aux pieds de David.
3. La Reine de Saba vient voir Salomon.
4. Suzanne entre les Vieillards.

Ces Tableaux n'étant arrivés de Rome que le 23 du
préfent, Monfieur le Directeur General des Bâtimens
a jugé à propos de prolonger l'Expofition jusqu'au
8. Octobre prochain, pour ne point priver le Public
des Ouvrages d'un Artifte, dont les talens font honneur
à l'Ecole Françoife.

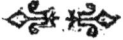

Nogent-le-Rotrou, imprimerie de A. Gouverneur.

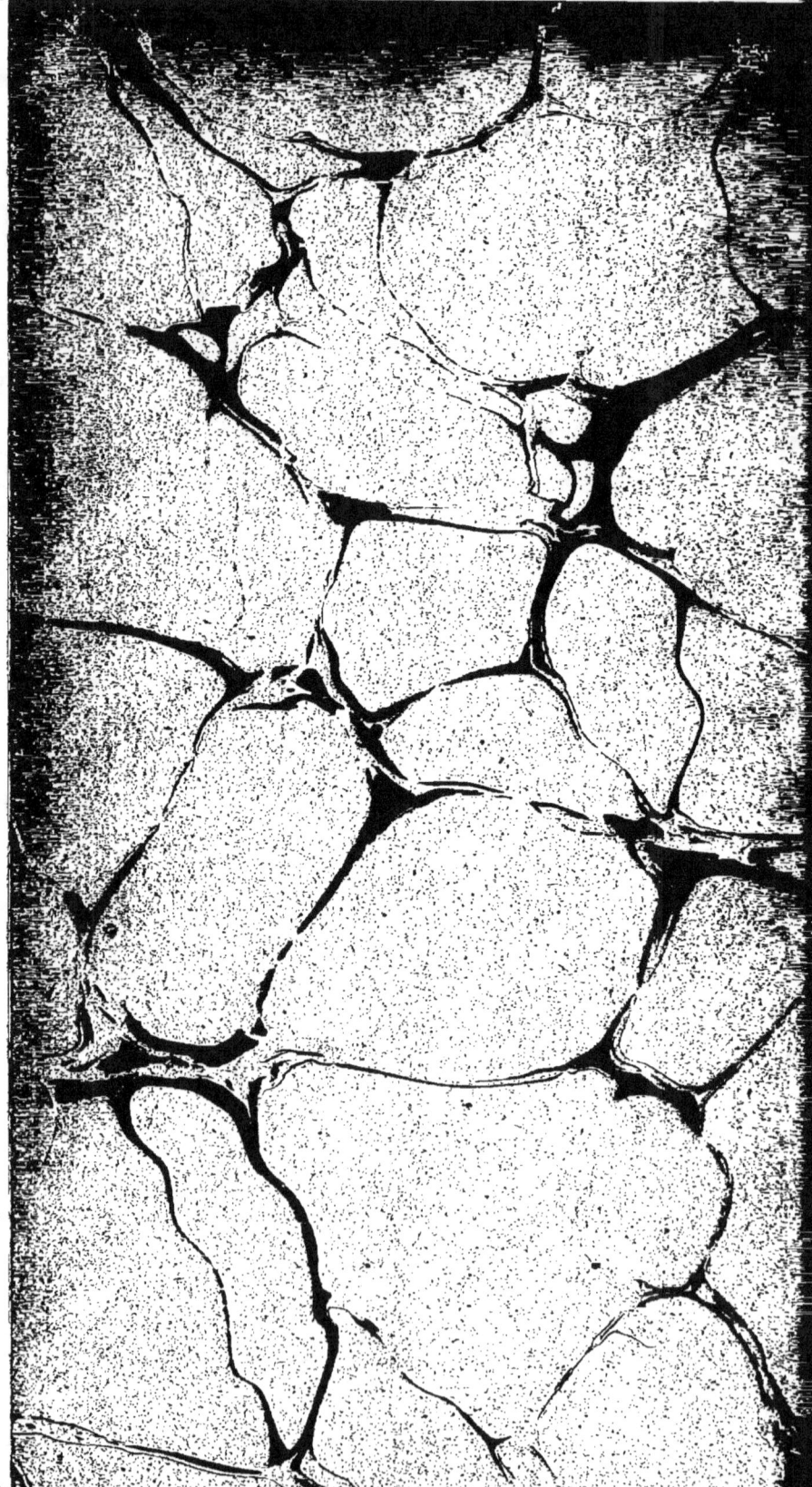

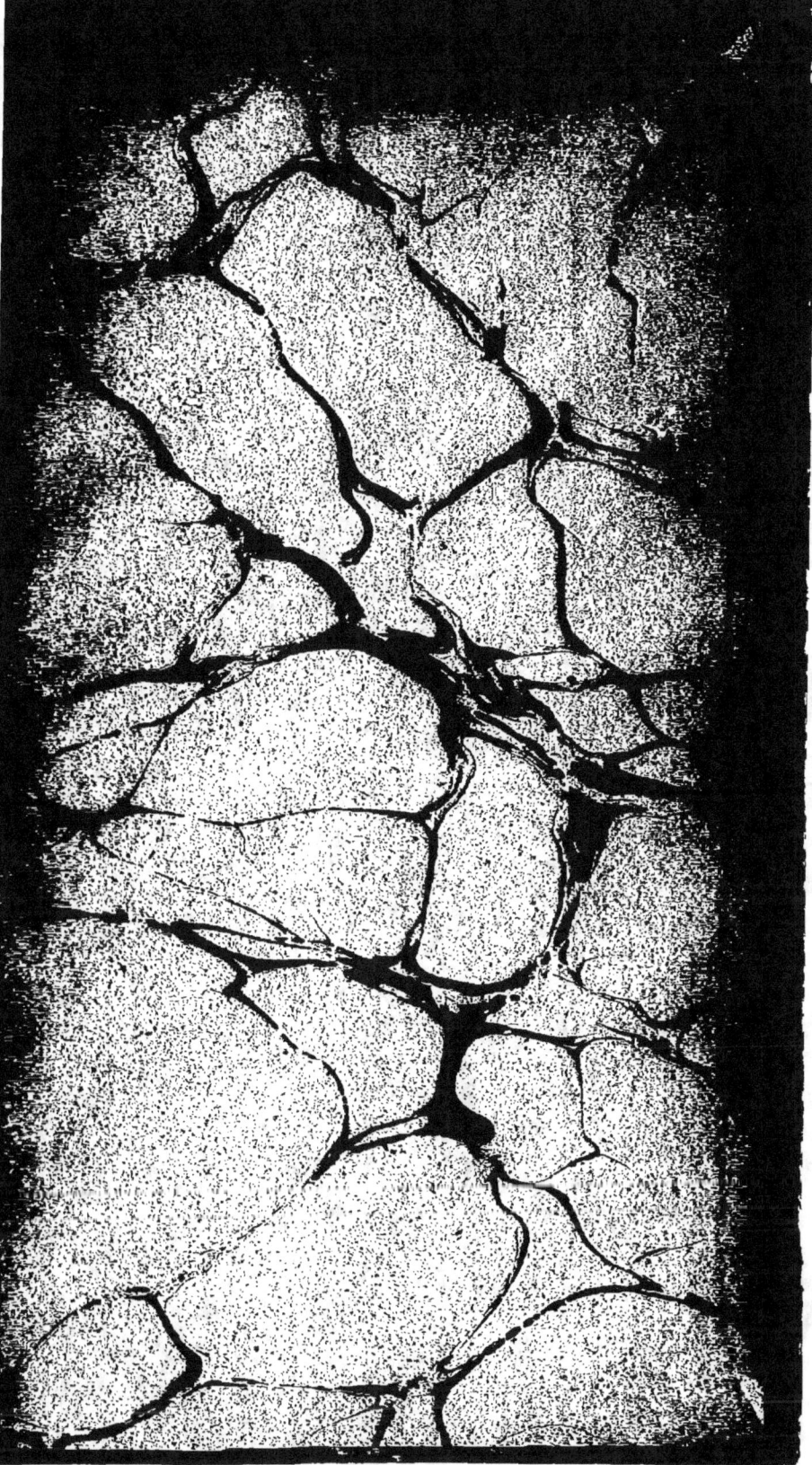

www.ingramcontent.com/pod-product-compliance
Lightning Source LLC
Chambersburg PA
CBHW071439220526
45469CB00004B/1586